AF452069

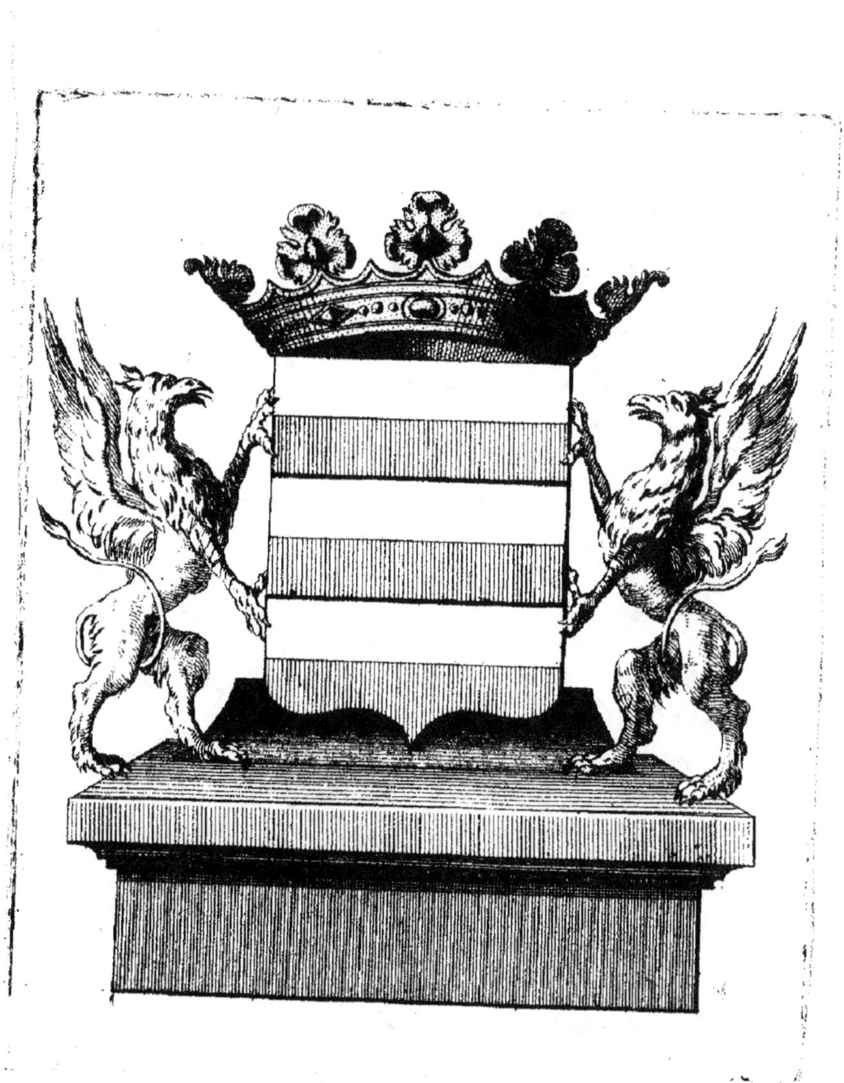

P. 3.   Esculape.
    4. — Déesse de la Santé } 7 Pieds.

          } Isis . 5 P. ½
    4.   { Apollon . 5 P. ½
    8.   Diane . 4 P. ½

          { Venus groupe dans l'esperance . 4 P. ½
    8.   { autre groupé gd . 4 P.
          { Venus couchée . 2 P.
   12.   { Cupidon dormant . 2 P.

          } Venus tenant la pomme d'or . 3 P. 1 p
   26.   } Paris tenant la pomme . 3 P.

   26.   Venus assise - groupé d'un amour . 3 P.

   17.   Bacchus . 2 P. 7 p.
   25.   Autre 3 P. 3 p.
   27.   Autre 4 P. 3 p.

   31.   Hercule écrasant un serpent par Lazards 2 P.
   35.   Copies de cette pce . 2 P.

a — 31.   Esculape
   20.   Déesse des Richesses.
   26.   La Paix 3 P. g P.
   27.   Marsyas prêt à être écorché . 4 P.
   28.   Jeune faune 3 P. g P.
    8.   deux fleuves couchés le Nil la Tybre . 2 P. ½
    5.   Hermaphrodite (femme)
   15.   † Hippomene 2 P. 8 p

Nᵒ

Catalogus Librorum Bibliothecæ
D. Joachimi Faultrier Abbatis de [illegible]
Ardennensis, et Sti Lupi Tricastini,
Præfecti Harmoniæ ... Qᵃ [illegible]
a Prospero Marchand Bibliopola ——
Parisiensi (cum ejusdem Præfatione
seu epitome Systematis Bibliographici
in digerendo Catalogo adhibiti.)
Parisiis, sump. Marchand et jac. Guillau
1709.

[illegible] 10 Statues. La famille de Lycomede.
            ulisse deguisé en [illegible] . s 6ᵗ
            achille deguisé en fille — s p [illegible]
            un fille de Lycomede — s p.
            autre .   hp ½
            autre   2 p.
            La feme de Lycomede   [illegible]
            L'ainée des filles par L. — s p. [illegible]
            autre   hp. p.
            autre (Deidamie)   s p.
            Lycomede jeune et [illegible] hp ½ .

27. Minerve tenant le petit [illegible] dans ses
     bras. s 6ᵗ

25   Auguste . 7 p. 4 s.

1.   Julies.

25.   Matrone Romaine . 3 p 4 s.

25.   Deux soldats qui se battent . 7 s.

27.   ... fig. dont un enfant de 2 p. ... ...
             f. 16 s.

24.   2 groupes d'enfans . 7 s.

26.   Enfant tenant des ... . 7 s.

30.   Jeune fille assise . ... aux os. ... . 4 p.
                                         505 ...

Bronzes.

26.   2 fig. d'Hercule, ... 2 p. 7 s.

...   2 d. Neptune, ... (ant) 14 f...

...   Marc Aurele — (2 b... ... ... moderne)

...   Marc Aurele esquisse antique . 16 p...
                                         6 f...

4°

Catalogue des Livres de feu
M. Lancelot de l'Acad. Roy. des
Belles Lettres. Paris Gab. Martin.
1741. in 8°. V. J. Cuvelier (prix de la vente)
N. ce Catalogue s'y trouve p. la partie
de l'Hist. de France.

Catalogue des Livres de la Biblioth.
de feu Mr. Louis de La Vergne
de Tressan, archevèque de Rouen.
distribué par Mrs. Gabriel & J. Martin.
1751. avec les prix de la vente.

Catalogue des Livres de la
Biblioth. de M. L'Espinette D'Armiux.
Paris Braule fils 1750. avec les
prix de la vente.)

SU.D.115 - B

5.   L'Emp.r Trajan à cheval. — L'esp. a.h. 2.p. d. L.

7.   Fête de Bacchus d'ariane et de Sylène.
      — h. f. 9. — 2 p. d. h. 7. p. de L.

9.   2 La t. d'alexandre; demie nature 8 p. a.h.
      La t. de Bucéphale prof.l

17.   Le Tombeau de Livia 2 p. h. 6 p. de L.

20.   1. Trophée d'armes. de 2 p. 7. de L. p. 1. p. 4. h.
      autre id. 3 p. de L. sur 1 p. 7. h.

21.   Buste de Syrtuis. 1 p. 8 p. de h. sur id. de L.
      Combat de gladiateurs. 1 p. 7 p. de h. sur 1 p. 11 p.
      de L. Jupiter a afin sur le p. ovies. p. 2 p. de h. 1 p. 4 p. L.

22.   2 Bas-reliefs, d'enfans, formé se rencontre
      ou figure. de l'École du C.t Desig.

27.   Vulcain avec l'espagnol. travaillé a p.s an.s
      En relief. 2 p. 3 p. de h. 2. de L. 13 p.er

5.   2. Apollon — Mercure.

5.   2. une tête de fleuve — une tête de f.o

8.   2 une tête de f.nroy — une tête de Minerve.

10.   2 un Vieillard — un jeune homme.

11.   7 — 2 Vieillards. une tête de f.o 4. jeunes hommes.

11.   7. Platon — 2 f.o — 4. jeunes hommes.

12.   7. Homere — Socius (?) — deux jeunes hommes.
      une tête de f.o une matrone Romaine — Sapsqua

Messieurs — ... ...

14 — 7. Mars ... — septime sévère — Fulvia —
          3 Dames romaines — une tête de vieillard.
                dont 3
    d. 8. ... têtes de jeunes hommes — une f... une
          jeune fille — ... ...

    ib.   8. minerve — 1 vieillard — un homme entre deux
          ages — 1 f... — un jeune homme e ...
          dont ... (de Typhonenc b. les statues)

    18. 9 une tête de f... — une tête d'idole —
          2 têtes de jeunes hommes — une tête de f...
          une tête de jeune femme — une autre tête ...

    d. 9. dont 5 de f... ... et ... une tête
          de Jupiter, un jeune homme — et
          2 Portraits.

    17. 15. ... minerve — une fille de Niobé —
          7 f... 2 têtes d'enfant — 2 têtes
          d'hommes

    24. 17. 9 st... ...
                de Bronze
    d.   autre L'antinous d'albane moule sur
          l'original (qui est de marbre)

    31. 2. Clodius Albinus senat... — autre senat...
          ─────────── + ───────────
          ─── ...── de Pierre ───

    + — Port... en demi buste — de Paul Jordanie
    sur une colonne de porphire rouge ...
          90 f...

Réflexions sur le [illegible] de la [illegible]

dépense

— [illegible] Catalogue de [illegible]

médaillons

a mettre a la [illegible] les

2 [illegible]

2 ant. [illegible] — Virgile [illegible]

2. une [illegible] [illegible] [illegible]

de [illegible] [illegible]

2. un [illegible] de [illegible] et profil — la tête de

[illegible] en profil [illegible]

[illegible] [illegible] ant. [illegible] [illegible]

[illegible]

J. [illegible]

4°

Avis pour dresser une Bibliotheque présenté a M. le Président De Mesmes par Gab. Naudé. Paris Se Sarger 1627. in 8° parch.

Avis pour dresser une Bibliotheque qui eule a M. le Président De Mesmes par Gab. Naudé

Mr [illegible] [illegible]
[illegible] [illegible]   bustes. 3e et [illegible]
[illegible]

          2 come bustes Lucie [illegible] faustine fe.

    ²   1 colossal. Marc aurèle.

           1 Milon de crotone.

           1 Jules

          10 grands. Marc antoine — un Philosophe
                Caracalla — Antinous — Cerosjuwe [?]
                Poppea — une Dame Romaine — un
                Sénateur — une Dame Romaine —
                Faustine —

    10   8 moyens. 4 Dames Romaines — un
                Romulus — un enfant à mi-corps ayant
                les bras [?] — une fe. — un p[etit] homme [illegible]
                de Liona [?] —

           2 grands Tibere et Caligula.

    14   5 grands Messaline — Lucia — Flavia
                un jeune home — Adrien.

    11   10 grands. Claudius — Claudius Albinus
                un Héraclte — Antonin Pio — Marc aurèle
                un Philosophe — Philippe — Antonin
                Annibal — une femme —

    16.   12 moyens. Petronia — 2 agrippines
                2 autres fe. 2 [illegible] — 2 [jeunes] hommes
                2 autres.

18.   2 petites. Cléopâtre — jeter. avec bras.

20.   2 gds. un Bacchus — une f[emme]

22   10 gds. Jupiter lançant le tonnerre — Scipion
         d'Afriq. — Adieu — Lucius Verus 10e.
         un Sénateur — Adrien jeune — autre
         Adrien — un Consul — Sergius galba —
         un Sénateur.

27.   un. Vitellius. (Chef d'œuvre)

         2   Neptune — Amphitrite — (ouvr. neuf.
               de Sig. Adam l'aîné.)

         1   Cléopâtre dormant — (ant.)

                                    (en bronze.
31.   1   le Card. de Richelieu (d'après nature)

35.   2   un Sénateur — une Matrone.

         2.   Minerve — une f[emme] égyptienne.
         ___
         75.
         ___

         2   Bustes modernes. L'hyver — le Printems.
               une Colonne de Porphire rouge au dessous de laquelle
               le Piédestal f.

         2   le Buste en demi bosse de Paul Jardone
               sur une colonne de Porphyre rouge.

Vases de Jaspe.

6. une urne. marbre de Suer.

11. deux d.

17. deux d. de marbre de Suer.

22. une d. Camélée

10. 2 Cineraires quarrées.

22. 1 Sol antique de porphyre vert.

24. 1 vase ovale de marbre serpentin.

9. une urne ronde de Porphyre vert.

32. une d. d'albatre rouge antique.

2 vases ovales de marbre d'Egypte.

33. 2 d. antiques onorge. avec chacun un
       leur de fruit.

34. 1 vase. de marbre d'Egypte.

34. 2 d. de porcelaine.

Tables

6.   1. 1 vert ant. 5 p. 8p. de h. 2p. 6p. larg.
     2. gris antiq de carrare.
     3. Porta-Santa antique
     4. 5. vreche rouge antique
     5. 7. jaspe de Sicile
     8. Vert de Peperine.

Nᵉ   Médaillier sous la Régence,
avec les Tableaux Symboliques
du S. Paul Perifroy de
Bourvalais pr.͞ maltotier du
Royaume, et le songe funeste de
11–14. ms.   sa femme (Ouvrage critiq. et satyr.)
2. — Br   Papier 1726 ms. broch.

26.   une de ombre vert antique.

28.   une de Porphire rouge brodé d'jaune ant.

29.   2.d marbre rouge antique.

30.   1 vert antique.

31.   1 jaspe de suite
     1 d. Albâtre fleuri

32.   1 d. Porphire vert.
     1 d. granite d'Égypte d'un fut morceau
     de 4 p. 9 po. de L. sur 3 p. 4 po. de large
     2 p. 3 L. d'épaisr.

33.   une jaspe fleuri oriental
     1 d. Porphire vert.
     1 d. Prime d'émeraude d'améthyste

34.   1 d. marbre jaune antique.

21

ETAT
ET
DESCRIPTION

Des Statues tant Colossales que de grandeur naturelle, & de demie nature, Bustes grands, moyens, & demi-Bustes, Bas-Reliefs de différentes espéces, Urnes, Colonnes, Inscriptions, & autres Ouvrages antiques, tant Grecs que Romains, trouvés à Rome; assemblés, & apportés en France par feu M. le CARDINAL DE POLIGNAC:

A VENDRE

En total ou par parties, dans les temps qui seront indiqués.

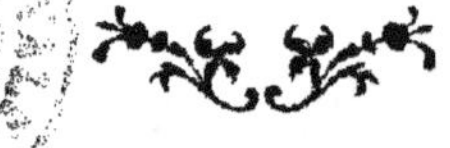

A PARIS,

DE L'IMPRIMERIE DE J. B. COIGNARD, IMPRIMEUR DU ROY.

M. DCCXLII.

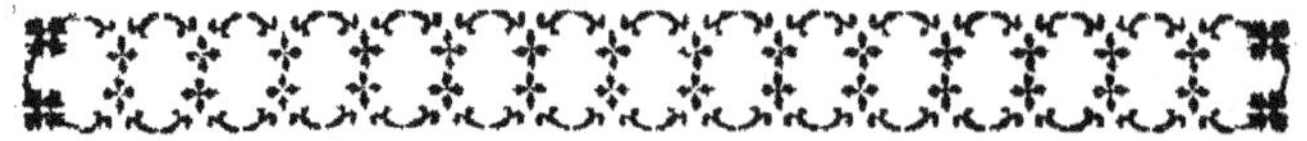

ETAT
ET DESCRIPTION
DES STATUES,

Tant Coloſſales que de grandeur naturelle, & de demie nature, Buſtes grands, moyens, & demi-Buſtes, Bas-Reliefs de différentes eſpéces, Urnes, Colonnes, Inſcriptions, & autres Ouvrages antiques, tant Grecs que Romains, trouvés à Rome ; aſſemblés,& apportés en France par feu M.leCARDINAL DE POLIGNAC.

A VENDRE EN TOTAL OU PAR PARTIES,
dans les temps qui ſeront indiqués.

UN *Eſculape*, Figure Coloſſale, grouppée d'un Serpent autour d'un bâton, ſur lequel le Dieu eſt appuyé. La

A ij

Figure eſt drapée de fort bon goût, &
légerement travaillée. Elle eſt de marbre ſalin; ouvrage Romain du ſecond
rang, de ſept pieds de hauteur.

La *Déeſſe de la Santé* tenant un Serpent à la main, drapée de très-bon
goût. Elle eſt du même Auteur que l'Eſculape, de très-belle proportion, de
même marbre, & de ſept pieds de hauteur.

Julie, fille d'Auguſte, très-bien deſſinée d'après nature, & finement drapée. Elle eſt de marbre de Paros, & d'un
Auteur Grec. Cette Figure eſt du ſecond
rang, & toutes trois ſont tirées des Ruines du Palais de Marius, entre Rome
& Freſcati.

Une *Iſis*, d'attitude droite, & de marbre noir Egyptien. Elle eſt la mieux deſſinée & la mieux proportionnée que l'on
connoiſſe. Elle a cinq pieds & demi de
hauteur. Cet ouvrage eſt de la plus haute antiquité.

Un *Apollon* tenant ſon arc d'une main,

& de l'autre un rameau de laurier. Il a
fur la tête une couronne de laurier. Sa
hauteur eft de cinq pieds & demi ; ouvrage Romain de marbre de Paros.

Un *Terme*, repréfentant *Hermafrodite*
fans bras ; ouvrage Romain de marbre
de Paros.

Un *Bas-Relief* repréfentant l'*Empereur
Trajan* à cheval ; ouvrage Romain de
marbre de Paros, de trois pieds dix pouces de hauteur fur trois pieds de largeur.

Deux *demi-Buftes Coloffales* avec leurs
piédeftaux, l'un repréfentant *Apollon*,
l'autre un *Mercure* ; ouvrage Grec du
fecond rang, & de marbre de Paros.

Deux *Buftes comme nature*, dont les
têtes font de pierre de touche, l'un
d'homme, l'autre de femme, avec leurs
piédeftaux ; ouvrages Romains.

Deux *demi-Buftes*, l'un repréfentant
une tête de Fleuve, l'autre une tête de
Femme, de marbre de Paros ; ouvrages Romains.

A iij

Une *Urne* de très-belle forme, godronnée & écaillée, avec son piédestal, dans le panneau duquel est une niche, & dans la niche une *Venus* de seize pouces de hauteur ; ouvrage Romain de marbre de Paros.

Huit *Tables de marbre* de différentes grandeurs ; sçavoir,

La première de vert antique. Elle a cinq pieds huit pouces de long sur deux pieds huit pouces de large.

La seconde est gris antique de Cararre, de quatre pieds dix pouces de long sur deux pieds six pouces.

La troisiéme est de Porta-senti-antique. Elle a quatre pieds un pouce de long sur deux pieds deux pouces de large.

Des cinq autres, deux sont de Breche rouge antique ; deux autres de Jaspe de Sicile. La derniére est de pierre de Peperine, propre à faire une table de piéces rapportées. Elles ont cinq pieds quatre pouces de long, & de largeur deux pieds deux pouces.

Un *Monument* qui repréfente en bas-relief une Fête de Baccus, d'Ariane & de Silêne. Il y a quatorze Figures ; ouvrage Romain très bien travaillé, de marbre de Salin. Il a été trouvé dans les Ruines du Palais de Néron. Feu M. le Duc de Parme en fit prefent à M. le Cardinal de Polignac. Il eft de la hauteur de trois pieds & demi fur fept pieds de long.

Deux *Médaillons Antiques* de deux pieds de hauteur, repréfentant l'un le Bufte d'*Homere*, l'autre celui de *Virgile*; ouvrage Romain du fecond rang, de marbre de Paros.

Deux *petits Bas-Reliefs antiques*, l'un repréfentant la tête d'*Alexandre*. Sa proportion eft demi-nature. Il a huit pouces de hauteur. L'autre repréfente de profil la tête de *Meffaline*, finement deffinée. Ils font l'un & l'autre du fecond rang.

Deux autres *Médaillons* ovales, repréfentant, l'un la tête d'une femme,

A iv

l'autre celle d'un jeune homme couronné de laurier, tous deux de profil. Ils
ont un pied de hauteur.

Une *Diane* tenant une fléche d'une
main, & de l'autre ſon arc, Figure drapée. Elle a les bras nuds; ouvrage Romain, de marbre de Paros, de quatre
pieds & demi de hauteur.

Une *Venus* de la même hauteur groupée d'un *Cupidon*, & d'un tronc d'arbre,
Figure nuë ; ouvrage Romain, de marbre de Paros.

Une autre *Venus* tenant d'une main
une épée , groupée d'un *Cupidon*, &
d'un tronc d'arbre, Figure nuë ; ouvrage Romain , de marbre de Paros, de
la hauteur de quatre pieds.

Deux *Figures couchées*, repréſentant
deux Fleuves, l'une le Nil , & l'autre le
Tibre, Copie d'antique, de la proportion de deux pieds & demi ; ouvrage
antique moderne, de marbre de Cararre.

Deux *demi-Buſtes Coloſſales* , l'un repréfentant une tête de *Junon*, l'autre celle de *Minerve*, avec leurs piédeftaux de marbre noir ; ouvrage Romain du fecond rang.

Un *Bufte Coloffale* repréfentant *Marc-Aurele*, drapé ; ouvrage Romain, de marbre de Paros.

Un *Bufte* repréfentant la tête de *Milon de Crotône*, fur le vifage duquel la douleur eft exprimée d'une maniere fublime ; ouvrage Grec du premier rang, de marbre de Paros.

Un *Bufte de Julie* ; ouvrage Romain du fecond rang, marbre de Paros.

Dix *grands Buftes*, l'un repréfentant *Marc-Antoine* habillé à la Confulaire : le fecond, un *Philofophe*, l'un & l'autre du fecond rang : le troifiéme, *Caracalla* : le quatriéme *Antinoüs*, Bufte nud du premier rang : le cinquiéme, *Cefar jeune* : le fixiéme, *Poppea* demi-nuë : le feptiéme, une *Dame Romaine*. Ces trois derniers du fecond rang : le huitiéme, un *Sénateur* : le neuviéme, une *Dame Romaine* : le dixiéme, *Fauſtine* ; ouvrages Romains, de marbre de Paros.

Huit *autres Buſtes* de moyenne grandeur, dont quatre repréſentent des *Dames Romaines*, coëffées en cheveux. Le cinquiéme, un *Romain* : le ſixiéme, un *enfant* à mi-corps, ayant ſes bras : le ſeptiéme, une *femme* drapée : le huitiéme, un *jeune-homme* couronné de lierre ; le tout ouvrage Romain, de marbre de Paros.

Deux *autres grands Buſtes*, portraits des Empereurs *Tibere* & *Caligula*. Les draperies ſont rapportées de différentes couleurs ; ouvrage Romain du ſecond rang : les têtes ſont de marbre de Paros.

Deux *demi-Buſtes*, propres à mettre ſur des ſcabellons ; l'un repréſente un *vieillard*, & l'autre un *jeune-homme* ; ouvrage Romain, de marbre de Paros.

Sept *autres demi-Buſtes*, ayant chacun ſon piédeſtal : le premier repréſentant *Pirrus* ; le ſecond, *Silêne* ; le troiſiéme, *Marc-Aurele* ; le quatriéme, un *Philoſophe* ;

ouvrage Romain du premier rang ; le cinquiéme, un *Vespasien* ; le sixiéme, un *Jupiter* ; le septiéme, un *autre Philosophe* ; ouvrage Romain du second rang, tous de marbre de Paros.

Sept *autres demi-Bustes*, ayant chacun son piédestal ; les deux premiers repréſentant *deux vieillards* ; le troisiéme, une *tête de femme* ; les autres de *jeunes-hommes* : trois ſont du premier rang ; ouvrages Romains de marbre de Paros.

Sept *autres demi-Bustes*, ayant chacun ſon piédestal ; le premier repréſentant *Platon*, ouvrage du premier rang ; le ſecond & le troiſiéme, des *femmes* ; le reſte de *jeunes-hommes* ; ouvrage Romain du ſecond rang, le tout de marbre de Paros.

Des *Urnes* de forme ronde & différentes, chacune ſur un piédestal de même forme. L'une eſt ornée de branches de vigne & de raiſin, le couvercle godronné, & le piédeſtal cannelé. Au corps de l'autre Urne, ſont deux mafques ; les formes & les profils font très-beaux. La fculpture eft artiftement travaillée : il y a fur l'un d'eux une infcription. Ils ont de hauteur deux pieds huit pouces.

Deux *Médaillons* de forme ronde, d'un pied de diametre ; l'un repréfente un *Bufte de femme* en profil ; l'autre la tête de *Titus*, auffi en profil ; ouvrage Romain de marbre de Paros.

Une *Figure de Venus*, couchée, endormie, la tête fur un couffin, Figure nuë, finement deffinée, de la proportion de deux pieds ; ouvrage antique moderne du fecond rang, de marbre de Carrare.

Un *Cupidon* dormant, tenant la main fur fon arc ; Figure nuë, de deux pieds de proportion, antique Romaine, marbre de Paros.

Dix *Scabellons* ou *gaines* propres à porter Buftes, bien profilées en architecture, de très-bon goût, & de marbre de différentes couleurs, bien d'accord enfemble.

Le *Bas-Relief* du Tombeau de *Livia*, où font repréfentées les *trois Graces*. Elles font accompagnées d'un fond cannelé en S. de chaque côté. Aux deux bouts du Tombeau, font les *Génies* de l'*Impératrice*: les Figures ont deux pieds de proportion; la hauteur du tout eft de trois pieds fur fix pieds de long; ouvrage Romain du troifiéme rang, & de marbre de Paros. Ce Tombeau vient du célébre Caveau où les cendres de cette Impératrice furent dépofées, & qui fut découvert en 1730.

Sept *demi-Buftes*, ayant chacun fon piédeftal; le premier repréfente la *tête d'Homere*; le fecond, *Lucius-verus*; le troifiéme, un *jeune-homme* bien coëffé; le quatriéme, une *tête de femme*; le cinquiéme, une *Matrône Romaine*; le fixiéme, *Seneque*; & le feptiéme, un *autre jeune-homme*. L'*Homere*, le *Seneque*, la *tête de femme*, & le dernier *jeune-homme*, font des ouvrages Grecs du premier rang, & de marbre de Paros: les trois autres font ouvrages Romains ; auffi du premier rang , & auffi de marbre de Paros.

Sept autres *demi - Buftes*, ayant chacun fon piédeftal ; le premier repréfente *Marc-Aurele* ; le fecond, *Septime Severe* ; le troifiéme, la célebre *Fulvia*, tous trois ouvrages Romains du fecond rang ; le quatriéme, cinquiéme & fixiéme repréfentent des *Dames Romaines* ; le fepriéme eft une *tête de vieillard* : Ces quatre derniérs font des ouvrages Grecs du premier rang, le tout de marbre de Paros.

Huit *autres demi-Buftes*, ayant chacun fon piédeftal ; le premier eft une *tête de jeune - homme*, ouvrage Romain du fecond rang ; le fecond auffi ouvrage Romain ; le troifiéme, un *jeune-homme*, ouvrage Grec du fecond rang ; le quatriéme, une *femme*, ouvrage Grec ; le cinquiéme, une *jeune-fille*, ouvrage Grec du fecond rang ; les autres font des ouvrages Romains du troifiéme rang.

Cinq *grands Buftes*, trois de femmes,

dont les draperies font de marbre rapporté, de différentes couleurs. Des deux
qui font placées fur des gaines à oreil-
les, l'un eft *Meffaline*, l'autre *Livia*;
le troifiéme eft *Flavia*; le quatriéme eft
un *Bufte* de *jeune-homme*; le cinquiéme
un *Bufte d'Adrien*; tous les cinq du fecond rang, avec les draperies de marbre
de couleur, de - même que les piédeftaux; les têtes font de marbre de Paros.

Dix *autres grands Buftes*, ayant chacun
fon piédeftal; le premier eft *Claudius*
habillé à la Militaire, richement décoré;
le fecond, *Claudius Albinus*, habillé à
la Confulaire; le troifiéme, un *Heraut*,
Bufte nud; le quatriéme, *Antonin Pie*,
habillé à la Confulaire; le cinquiéme,
Marc-Aurele, auffi à la Confulaire; le
fixiéme, un *Philofophe*, Bufte nud; le
feptiéme, *Philippe*, Bufte nud; le huitiéme, un *Romain* habillé à la Confulaire;
le neuviéme, *Annibal*, ouvrage Grec du
premier rang; le dixiéme, une *femme*.
Philippe eft un ouvrage Romain du pre-

mier rang ; le *Héraut* nud eſt un ouvrage Grec du premier rang ; le *Claudius*,
les trois *Conſulaires* & le Buſte de *femme*,
ſont des ouvrages Romains du ſecond
rang ; quelques-uns ſont de marbre ſalin, & les autres de marbre de Paros.

Les grands Buſtes ont deux pieds dix
pouces, & trois pieds de hauteur ; les
moyens Buſtes, deux pieds, ſur deux
pieds quatre pouces de hauteur.

Douze *autres Buſtes* moyens, cinq
de femmes ; l'une d'elles eſt *Petronia* ;
deux autres ſont les deux *Agrippines* ;
tous trois ouvrages Romains : deux autres *femmes*, ſont des ouvrages Grecs ;
trois Buſtes d'*hommes*, ouvrages Romains ; deux autres Buſtes de *jeunes-hom-*
mes, l'un ouvrage Grec, & l'autre Romain ; tous ſont du ſecond rang ; cinq
ſont de marbre Salin, & ſept autres de
marbre de Paros.

Neuf *demi-Buſtes*, plus forts que nature, ayant chacun ſon piédeſtal ; le
premier repréſente une *Minerve* ; il eſt

Grec,

Grec, & du premier rang ; le fecond un *vieillard* ; le troifiéme un *homme entre deux âges*, tous deux ouvrages Romains du fecond rang ; quatre *femmes* & un *jeune-homme*, ouvrage Grec du fecond rang, le tout de marbre de Paros : une Figure repréfentant *Hippomene*, de la hauteur de deux pieds huit pouces, Figure nuë en pied du fecond rang ; ouvrage Romain, de marbre de Paros.

Une autre en pied, de deux pieds trois pouces de hauteur, repréfentant un *Baccus*, Figure nuë du troifiéme rang ; ouvrage Romain, de marbre de Paros.

Six *autres Figures*, l'une repréfentant un *enfant* tenant une corne d'abondance, de deux pieds de hauteur : deux petites *Figures de femmes*, l'une drapée, & l'autre nuë, de quatorze pouces de hauteur ; le tout ouvrage Romain, de marbre de Paros.

Deux *Urnes* de forme ronde & gracieufe, ayant chacune quatre ances, & un couvercle cannelé en *S* dans toutes leurs parties : elles ont un pied , & font de marbre de Paros.

Neuf *demi-Buſtes* , ayant chacun ſon piédeſtal , dont quatre font de marbre noir : trois ouvrages Egyptiens , entr'autres une *tête d'Iſis* , qui eſt du premier rang ; une autre *tête d'Idole* du ſecond rang ; deux *têtes de jeunes hommes* , ouvrages Romains, dont l'un eſt du premier rang ; une *tête de femme* , & une *tête de jeune Faune* , ouvrages Grecs du premier rang ; une *tête de femme* , ouvrage moderne du ſecond rang : le tout de marbre de Paros.

Deux *petits Buſtes de femme* avec leurs bras , l'une repréſentant *Cleopatre* , l'autre *Julie* , tous deux montés ſur leurs piédeſtaux ; ouvrage Romain, de marbre de Paros.

Neuf *demi-Buſtes* avec leurs piédeſtaux, dont cinq de *femmes* , ouvrage Romain ; l'une eſt du premier rang , & deux autres du ſecond rang : les quatre autres font des *têtes d'hommes* ; l'une repréfentant un *Jupiter* ; ouvrage Romain , copie du fecond rang ; la deuxiéme un *jeune Mars* du premier rang ; les deux autres font *deux portraits* , dont l'un eft du premier rang , & l'autre du fecond : le tout de marbre de Paros.

Quinze autres *demi-Buftes* avec leurs piédeftaux , dont neuf font des *Buftes de femmes* ; l'une eft une *Minerve* du premier rang ; une autre eft une *fille de Niobé* du fecond rang ; le troifiéme eft une *tête* coëffée à l'Egyptienne, du troifiéme rang ; deux *têtes d'enfant*, dont l'une eft du fecond rang : les autres *têtes d'hommes* font ouvrages Romains ; la *Minerve* & la *Niobé* font ouvrages Grecs : le tout de marbre de Paros.

Deux *mains coloffales* , avec partie de l'avant-bras ; ouvrage Romain du premier rang , de marbre de Paros.

Un *modelle* de terre cuite , antique.

Deux *têtes modernes* , l'une repréfentant l'*Hyver* , & l'autre le *Printems* ; de marbre de Cararre.

B ij

Deux *grands Buſtes*, dont l'un eſt un *Buſte nud* du troiſiéme rang, repréſentant un *Baccus* ; l'autre un *Buſte de femme* drapé, auſſi du troiſiéme rang.

Une *Urne cannelée*, de forme ronde, ſans couvercle.

Deux *Urnes cineraires* quarrées, dont l'une a ſon couvercle.

Deux *Bas-Reliefs* de Trophées d'armes antiques ; l'un de deux pieds & demi de large ; l'autre de trois pieds, ayant chacun de hauteur un pied & demi : ils ſerviroient utilement de modéles d'armes, de Boucliers, de Corcelets, d'Etendarts anciennement en uſage chez différentes nations, aux Peintres & Sculpteurs qui voudroient traiter des ſujets de guerre, ſur-tout à la Romaine.

Huit *Scabellons* ou *gaines* de différentes formes & de différente hauteur, propres à mettre des Buſtes : l'Architecture en eſt très bien profilée, & les marbres de différentes couleurs bien d'accord enſemble.

Un *Bas-Relief* antique, au naturel, du second rang, marbre de Paros, d'un pied huit pouces de hauteur, fur un pied huit pouces de large, repréfentant un *Bufte de Pyrrus.*

Autre *Bas-Relief* antique moderne du troifiéme rang, marbre de Cararre, de la hauteur d'un pied fept pouces, fur un pied onze pouces de largeur, repréfentant un *Combat de Gladiateurs* dans le Coliffée, dont un vainqueur, deux vaincus, & terraffés fur le premier Plan, & un autre fur le fecond Plan, fe rafraichiffant à une fontaine pour reprendre de nouvelles forces. On voit dans le fond de ce Bas-Relief partie des Arcs & Galeries du Coliffée, avec nombre de Spectateurs : ce morceau eft bien entendu de perfpective.

Un autre *Bas-Relief* de deux pieds, fur un pied quatre pouces de large ; ouvrage moderne du troifiéme rang, repréfentant *Jupiter* affis fur les nues, groupé de fon Aigle, orné de draperie voltigeante, & armé de la foudre.

B iij

Deux autres *Bas-Reliefs*, chacun de six à sept Enfans sur des nues, formant des concerts de musique; ouvrage de l'école du Cavalier Bernin, & du troisiéme rang; de marbre de Cararre.

Un *pot antique* de Porphire vert, ayant servi à la Pharmacie; il a de hauteur huit pouces & demi sur sept pouces de diametre.

Une *Inscription antique* de marbre salin, de la hauteur d'un pied neuf pouces & demi, sur onze pouces de large, qui commence par ces mots : *Phœbus ouiettormogus Hispanus*, &c.

Plusieurs *fragmens*, faisant douze morceaux, dont un est la tête d'un *Jupiter* en bas-Relief, grosse comme nature ; une autre tête de même grosseur, représentant un *jeune Faune* ; trois autres petites têtes; quatre parties de corps, un pied, une main, & un petit Terme : le tout antique.

Dix *grands Bustes* avec leurs piédestaux, dont l'un du second rang représente un *Jupiter* lançant le tonnerre; l'autre,

Scipion l'Africain habillé à la militaire ; le troisiéme, un *Adrien* auffi habillé à la militaire : ces deux font ouvrages Romains & Coloffales, du fecond rang ; le quatriéme eft un *Bufte* du jeune *Lucius Verus* bien coëffé & bien drapé ; ouvrage Grec du premier rang : le cinquiéme, un *grand Bufte* bien drapé, repréfentant un *Senateur* ; ouvrage Romain du premier rang : le fixiéme, un *Bufte* d'Adrien jeune ; ouvrage Romain du fecond rang : le feptiéme, un autre *Bufte Coloffale* d'Adrien habillé militairement ; ouvrage Romain du troifiéme rang : le huitiéme, un *Bufte* de Conful ; ouvrage Romain du premier rang : le neuviéme, un *Bufte Coloffale* de *Sergius Galba* habillé militairement ; ouvrage Romain du fecond rang : le dixiéme, un autre *grand Bufte* drapé, repréfentant un *Senateur*, dont une main eft couverte de fon manteau, Bufte drapé du fecond rang, & de marbre de Paros.

Un autre *Bufte*, repréfentant *Vitellius*

habillé à la militaire, dont la tête est de pierre de touche, ou de Paragon, & le corps de bronze, de même que le piédestal ; ouvrage Romain du premier rang : c'est un chef-d'œuvre.

Deux *Groupes d'enfans*, marbre de Cararre, ouvrage antique moderne, du second rang, de l'école du Cavalier Bernin, dont l'un représente *deux enfans* qui se disputent des grappes de raisin ; l'autre, des *enfans* qui luttent ensemble. Leur proportion est de trois pieds de hauteur.

Deux *Bustes*, dont l'un représente *Neptune* couronné de roseaux ; l'autre, une *Amphitrite* couronnée d'un diademe orné de perles & de corail entrelassés dans ses cheveux : ils sont de marbre de Cararre, & leurs piédestaux gris ; ouvrage moderne de Sigisbert Adam l'aîné.

Le *Buste antique* d'une *Cléopatre dormant*, la tête appuyée sur un coussin ; le tout sur un soc de dix-huit pouces de long ; ouvrage romain du premier rang, & de marbre de Paros.

Douze *Scabellons* ou *Gaines de marbre*, uniformes, chacun de quatre pieds douze pouces, propres à mettre des Buſtes, incruſtés en marbres de différentes couleurs.

Une *Table* de marbre vert antique, de la longueur de cinq pieds & demi, ſur deux pieds neuf pouces de large, montée ſur un pied doré.

Deux *Figures de Soldats* ; l'un *Romain*, l'autre *Parthe*, combattans l'un contre l'autre ; ouvrage Romain de marbre ſalin : leur hauteur eſt de trois pieds.

Une *Figure d'Auguſte*, habillée à la militaire ; ouvrage Romain de marbre ſalin, ayant de hauteur trois pieds trois pouces.

Une *Figure de Baccus*, ouvrage Romain de marbre de Paros, de trois pieds trois pouces de hauteur.

Une *Matrône Romaine*, ouvrage Romain du quatriéme rang, de marbre de Paros : ſa hauteur eſt de trois pieds un pouce.

Une *Venus* tenant d'une main la *pomme d'or* ; ouvrage Romain du quatriéme rang , & de marbre salin : elle a de hauteur trois pieds deux pouces.

Une *Figure* drapée , repréfentant la *Paix* tenant à fa main une couronne d'olivier ; ouvrage Grec , de marbre de Paros : elle a trois pieds neuf pouces de hauteur.

Un *Efculape* , ouvrage Romain de marbre salin , de la hauteur de deux pieds trois pouces.

Un *Enfant* tenant dans fa main *des Offelets* ; ouvrage Romain de marbre salin , & du troifiéme rang : fa hauteur eft de trois pieds.

Un *Berger Paris* , petite Figure tenant d'une main la *Pomme d'or* ; ouvrage Romain de marbre de Paros : fa hauteur eft de trois pieds.

Une *Venus* affife fur un tronc d'arbre , groupée d'un Amour ; ouvrage antique moderne , de trois pieds de hauteur.

Deux autres *Figures* de bronze , faifant

un feu de cheminée ; l'une repréfente un *Hercule* armé de fa maſſue , & tenant la peau du Centaure Neſſus ; l'autre , une *Déjanire* , qui en tient la tunique : ouvrages antiques modernes , du troiſiéme rang , de l'école de Michel Ange , & de deux pieds ſept pouces de hauteur.

Un *Bas-Relief* antique , repréfentant *Vulcain* travaillant avec les Cyclopes aux armes d'Achille. Ces figures ſont de dix-huit à vingt pouces de proportion ; la hauteur du morceau eſt d'un pied neuf pouces, ſur trois de large : ouvrage Grec du troiſiéme rang, & de marbre de Paros.

Une *Figure de Baccus* , tenant d'une main une coupe , & de l'autre une grappe de raiſin ; ouvrage Romain du ſecond rang, & de marbre de Paros : ſa hauteur eſt de quatre pieds trois pouces.

Une autre *Figure* , repréfentant le *Satyre Martias* les bras liés à un tronc d'arbre, prêt à être écorché ; ouvrage Romain du ſecond rang , & de marbre de

Paros : la hauteur eſt de quatre pieds.

Un *jeune Faune* prêt à jouer de la flute, finement deſſiné ; ouvrage Grec du premier rang, & de marbre de Paros : il a trois pieds neuf pouces de hauteur.

Une *Table de marbre* , portant deux pieds neuf pouces de diametre ; ſa bordure eſt de jaune antique ; le milieu de Porphire rouge eſt de forme ronde , & de deux pieds trois pouces de diametre ; le cercle qui l'entoure, eſt d'albatre ; & le nud du quarré qui regne autour de ce cercle, eſt de vert antique : le pied de cette table eſt ſculpté de très-bon goût , & doré.

Un *Vaſe* ovale de la hauteur de huit pouces avec ſon couvercle ; ce Vaſe dans ſa partie longue a un pied : il eſt de marbre ſerpentin.

Une *Urne* magnifique, de forme ronde avec ſon couvercle : elle a deux pieds de hauteur , & un pied quatre pouces de large ; le tout eſt cannelé en *S* ; les ances ſont godronnées. Ce vaſe eſt de Porphyre vert , d'un feul morceau , auſſi bien travaillé au-dedans qu'au - dehors. C'eſt l'ouvrage le plus parfait qu'il y ait en ce genre : on croit qu'il a appartenu à Lucullus.

Un *demi-Buſte* avec ſon piédeſtal , repréſentant *Vitellius* ; ouvrage Grec du premier rang.

Un autre *demi-Buſte* de bronze avec ſon piédeſtal , repréſentant l'*Antinoüs d'Albano* moulé ſur l'original , qui eſt de marbre ſalin; ce Buſte eſt du premier rang.

Deux *Tables* de marbre rouge antique ; l'une de cinq pieds de long , deux pieds ſept pouces de large ; l'autre de quatre pieds neuf pouces de longueur , ſur deux pieds cinq pouces de large.

Une *Colonne* de ſix pieds de hauteur , compris la baze & le chapiteau , qui ſont de marbre blanc de Cararre. Le fût de la Colonne eſt de Porphyre rouge d'un ſeul morceau ; elle ſoûtient un demi-Buſte auſſi de Porphyre rouge avec ſon piédeſtal de marbre gris de Cararre. C'eſt le portrait de *Paul Jordance*, second Duc de Braccia-no, d'après le modelle du Cavalier Bernin.

Une *Table* de marbre vert antique, de cinq pieds huit pouces de long, sur deux pieds onze pouces de large, portée sur son pied doré.

Une *Statue Equestre*, représentant *Marc-Aurele*, copiée d'après celle qui est au Capitole. Cet ouvrage de bronze est antique moderne du troisiéme rang : sa hauteur est de deux pieds ; le piédestal est de bois.

Une *jeune Fille*, Figure assise sur sa baze, jouant aux osselets ; elle est finement dessinée, & bien drapée sur le nud : ouvrage Romain du premier rang, & de marbre de Paros : sa hauteur est de quatre pieds de proportion : c'est un des plus beaux morceaux de la collection.

Une autre *Statue*, représentant la *Déesse des Richesses*, dont les attributs sortent d'une Corne d'abondance, sur laquelle elle est assise ; ouvrage Grec du premier rang, de marbre de Paros : sa hauteur est

de trois pieds & demi; le torſe eſt antique
& ſublime ; la tête eſt reſtaurée.

Deux *demi-Buſtes* avec leurs piédeſtaux, dont l'un repréſente *Clodius-Albi-
nus*, Senateur: c'eſt un ouvrage Romain
du ſecond rang, & de marbre de Paros :
l'autre eſt de marbre de Cararre, ouvrage
antique moderne du troiſiéme rang, repréſentant auſſi un *Senateur*.

Un grand *Buſte* avec ſon piédeſtal, le
tout de bronze : c'eſt le portrait du *Cardinal de Richelieu* ; ouvrage du Cavalier
Bernin, du premier rang.

Une *Figure d'Hercule* dans ſon enfance,
écraſant un Serpent ; ouvrage du Cavalier
Lalgarde, du premier rang : ſa proportion eſt de deux pieds.

Une *Table* de Jaſpe de Sicile, longue
de ſept pieds, ſur trois pieds & demi de
large, montée ſur un très-beau pied de
ſculpture en ornement doré.

Autre *Table* de marbre d'Albatre fleuri, rapporté, de cinq pieds & demi de
long, ſur deux pieds dix pouces de large,

montée fur un pied de fculpture en ornement doré.

Autre *Table* de Porphyre vert, de trois
pieds trois pouces de long, fur un pied
fept pouces de large, montée fur fon pied
fculpté doré.

Une grande & magnifique *Table* de
Granite d'Egypte, longue de huit pieds
un pouce, fur trois pieds huit pouces de
large : fon épaiffeur eft de deux pouces
trois lignes ; elle eft toute d'un morceau.
Elle a été trouvée dans les ruines des
bains de Dioclétien : elle fervoit à éten-
dre les habits de l'Empereur , pendant
qu'il prenoit le bain : c'eft un morceau
précieux de toutes manieres.

Une *Urne* de forme ronde fur fon plan,
& de forme ovale en hauteur ; fa baze eft
quarrée. Elle eft d'albatre rouge antique :
elle eft d'un pied quatre pouces de hauteur , compris le couvercle : le corps du
Vafe a fept pouces de diametre.

Deux *Vafes furbaiffés* , tous deux de la
même forme , qui eft ovale , faite en ba-
teau.

teau. Le couvercle & le corps du Vafe font cannelés & godronnés : ils font d'un pied de hauteur, fur un pied quatre pouces de long, tous deux de marbre ferpentin.

Deux *Vafes antiques* de très-belle forme; au corps de l'un eft repréfenté en Bas-Relief le *Sacrifice d'Iphigenie*, compofé de plufieurs Figures ; fur l'autre, les *Baccanales de Silene*. Leurs originaux en grand font à Rome, l'un dans la Ville Borghefe, l'autre au Palais de Medicis : ces deux copies font de bronze de deux pieds de hauteur.

Une *Table* de marbre jafpe fleuri oriental, de la longeur de fix pieds deux pouces, fur trois pieds deux pouces de large, ornée d'une bordure godronnée de cuivre doré.

Une autre *petite Table* de Porphyre vert, de trois pieds trois pouces de long, fur un pied fept pouces de large.

Une *Table* de marbre de Prime, d'Emeraude d'Ametifte ; fa longueur eft de

C

cinq pieds & demi , fur deux pieds dix pouces de large.

Une autre *petite Table* en confole , de marbre jaune antique , ayant trois pieds trois pouces de long , fur un pied quatre pouces de large.

Un *Vafe furbaiffé* de forme ronde ; fa hauteur eft de cinq pouces , fur un pied deux pouces de diametre : il eft de marbre ferpentin.

Deux *Vafes* de Porcelaine antique moderne , peint d'après des Bas-Reliefs antiques , fur les deffeins de Raphaël. Ils font de forme ronde ; leur hauteur eft d'un pied trois pouces , fur un pied de diametre : ouvrage du premier rang en ce genre.

Une *Efquiffe* en bronze antique , de la ftatue de *Marc-Aurele* qui eft au Capitole. Elle a de hauteur un pied fix lignes , compris le piédeftal. C'eft un morceau précieux & unique.

Deux autres *petites Figures* de bronze antique ; l'une repréfente *Neptune* , l'autre *Paris* , toutes deux de la hauteur d'un pied deux pouces, compris leurs piédeſtaux.

Deux *Buſtes*, dont l'un repréſente un *Senateur*, l'autre une *Matrône* ; ouvrage antique Romain du ſecond rang : leurs piédeſtaux ſont de marbre de couleur. Les deux conſoles ſur leſquelles ils ſont poſés, repréſentent *deux Griffons* de marbre gris de Cararre, avec leur baze & chapiteau de marbre blanc de Cararre.

Un *Hercule* dans ſon enfance étouffant un *Serpent*; copie moderne de marbre de Cararre d'après l'Algarde : il a deux pieds de proportion.

Deux *Buſtes* demi-nature avec leurs piédeſtaux ; l'un repréſente *Minerve*, & eſt travaillé en pierre-de-touche ; l'autre, une *Femme Egyptienne*, ouvrage de bronze antique.

Dix *Statues* qui compoſent enſemble ce qu'on appelle la famille de Lycomede, ou l'Hiſtoire d'Achille reconnu par Uliſſe ; découverte celebre faite par feu M. le Cardinal de Polignac, près de Freſcati, dans les ruines de la Maiſon de Campagne de Marius : cette fuite eft prefque unique dans fon genre, & ne peut être comparée qu'à la fameufe famille de Niobé qui eft à Rome dans le Palais Médicis à Monte Pinciano.

Premiére Statue. *Uliffe*, Roi d'Itaque, déguifé en Marchand ; le moment où il découvre Achille eft faifi & exprimé heureufement. Cette Figure a cinq pieds & demi, ouvrage Romain du premier rang, & de marbre de Paros.

Deuxiéme Statue. *Achille* déguifé en fille, tenant une *Pique* de la main droite, & un *Bouclier* au bras gauche ; il s'abandonne au tranfport martial que ces armes lui infpirent ; fa robe & fon manteau font bien fouillés, & tout en l'air. Elle a cinq pieds trois pouces de hauteur : ouvrage Grec du premier rang, & de marbre de Paros.

Troifiéme Statue. Une des filles de *Lycomede* qui fe regarde dans un miroir. Cette Figure a cinq pieds de hauteur : ouvrage Grec du troifiéme rang, & de marbre de Paros.

Quatriéme Statue. Autre fille de *Lyco-mede* ; elle paroît furprife de ce qui fe paf-fe ; elle eft drapée de très-bon goût : on remarque à travers fon manteau les plis de fa robe , & fa ceinture eft une chofe re-marquable en fculpture. Cette Figure a quatre pieds & demi de hauteur ; ouvrage Grec du premier rang , & de marbre de Paros.

Cinquiéme Statue. Autre fille de *Lyco-mede* ; elle a un genou en terre ; elle eft dans l'attitude d'effayer un Brodequin. El-le a trois pieds de hauteur ; fa proportion eft de quatre pieds & demi, ouvrage Grec du premier rang , & de marbre de Paros.

Sixiéme Statue. La Reine , femme de *Lycomede* ; elle tient de la main droite fon fceptre , avec lequel elle releve un peu fon voile , & de l'autre main , une bour-fe : fa robe eft d'une noble fimplicité ; le manteau qu'elle a fur fes épaules, fait fond à la Figure , & lui drape le bras gauche : ouvrage Romain du fecond rang.

Septiéme Statue. L'aînée des filles de

Lycomede , tenant d'une main une boëtte de joyaux. Cette Figure du troisiéme rang & de marbre salin , a cinq pieds quatre pouces de hauteur.

Huitiéme Statue. Autre fille de *Lycomede* , appuyée sur un rocher ; elle croise ses jambes l'une sur l'autre ; de la main droite elle tient délicatement une bague : la Figure est gratieuse; elle est vêtue d'une simple robe très-fine , qui laisse voir à travers les plis, la finesse du dessein: ouvrage Grec du premier rang. Sa hauteur est de quatre pieds neuf pouces ; elle est de marbre de Paros.

Neuviéme Statue. Autre fille de *Lyco-mede* ; c'est *Deidamie* ; elle regarde *Achille* : cette Princesse est vêtue d'une robe longue très-déliée & bien drapée ; par-dessus cette robe est une tunique d'étoffe différente ; on en remarque les plis à travers l'écharpe de gaze ; ces principes de draperie font des études prétieuses pour les Sculpteurs : c'est un ouvrage Grec du premier rang , de marbre de Paros.

Sa hauteur eſt de cinq pieds.

Dixiéme Statue. La plus jeune des filles du Roi *Lycomede* ; elle eſt auſſi vétue
d'une robe de lin très-déliée ; elle a une
écharpe bordée de franges , & agraffée
ſur l'épaule gauche ; elle a dans ſa main
droite une médaille qu'elle montre à ſa
ſœur ; Cette Statue eſt une ouvrage Grec
du premier rang , & de marbre de Paros.
Elle a quatre pieds & demi de hauteur.

La plûpart de ces Statues étoient mu-
tilées , lorſqu'on les trouva , ce qui arri-
ve preſque toujours. M. le Cardinal de
Polignac les fit reſtaurer par M. Adam ,
excellent Sculpteur François , qui étoit
alors à Rome à l'Académie du Roi. La
maniére dont il s'en eſt acquité , fera éter-
nellement honneur à ſon habileté & à
ſon goût.

On trouva auſſi dans le même lieu où
étoient les filles de Lycomede , une aſ-
ſez belle *Minerve* , tenant dans ſes bras
le petit *Pirrhus* ; ouvrage Grec du ſecond
rang , & de marbre de Paros. Sa hau-

teur est de cinq pieds & demi.

Un des plus beaux morceaux & des plus prétieux de toutes façons qui soient parmi toutes les Antiques dont on vient de voir la Liste, c'est le *Buste* de *Jules-Cesar*; ouvrage Romain du premier rang; ouvrage unique fait d'après nature.